体がすべて楽器です！

ザ・ボディパーカッション
B級グルメパーティ

山田俊之 著

音楽之友社

体がすべて楽器です!

ザ・ボディパーカッション

B級グルメパーティ

目次

ボディパーカッション指導のポイント

指導の際には、次のような点を心掛けるようにしました。

＜言語的なもの＞

●発問…できるだけわかりやすい言葉で問いかける。

●指示…具体的に体を使ってお手本を見せる。

●説明…言葉の説明は少なく、体や感覚（五感）で理解する。

＜非言語的なもの＞

●態度…子どもと同じ感覚と目線で授業をする。

●動作…リラックスして心も体も自然体を心がける。

●表情…できるだけ受容的態度や笑顔を心がける。

＜指導者の皆さんへ＞

●子ども達に曲を教えるときには、指導者が実際にやってみせてあげてください。

●多くの曲で、2小節が1つのリズムパターンになっています。子ども達にリズムパターンを説明するときには、2小節を1つのリズムパターンとして教えてください。

●うまくできない子ども達がいる場合は、できるところから指導をしてください。また、ゆっくりとしたテンポから練習を始めてください。

●各パートで、同じリズムを打っている仲間意識を育ててください。そのことが、お互いの信頼関係になっていくと思います。

●演奏の途中で、ボイスや手拍子のリズムがずれてもあまり気にしないでください。言葉のずれはバリ島のケチャのような雰囲気として考え、リズムのずれは装飾音符（フラム打ち）と考えてください。少しずれた音で全体の音の厚みが増します。

●全員が一緒のリズムを演奏する部分は、うまくできない子ども達も、みんなで同じリズムを打つことで安心感を持つことができます。また、それまでの部分でうまくできなかった子ども達も、その部分でもう一度リセット（やり直し）ができます。私はこのような場所を「セーフティゾーン」と呼んでいます。

はじめに

教育界では「コミュニケーション能力」という言葉がキーワードのひとつになっています。教育現場では、様々な支援を必要とする児童生徒がひとつの教室の中で共に学ぶ機会が増えています。そのような中、子ども同士の楽しく生き生きとした活動を通し、コミュニケーション能力が高められる教材として、本書のような「ボディパーカッション教育」を活用していただきたいと思っています。

ボディパーカッション教育は1986年、私が小学校4年生を担任していた時に生まれました。周りの子ども達とのコミュニケーションが苦手で衝動的に「キレる」タイプの男の子が、給食準備の時間に放送されていた音楽に合わせて手拍子を楽しんでいるのをヒントに行った学級活動が始まりです（＊詳しくは巻末の「ボディパーカッション教育と研究の主なあゆみ」参照）。具体的には手拍子、おなかやひざを叩く、おしりを叩く、言葉を重ねる（ボイス・アンサンブル）など、自分の体を楽器にして友達と協力してアンサンブルを作り上げます。その時、お互いに顔の表情や、身振り手振りなどでコミュニケーションを行い、ひとつの作品が完成する過程で仲間との一体感や達成感が得られると考えています。ボディパーカッション教育は、歌が苦手でも楽器の演奏ができなくても、楽譜が読めなくても、誰でも参加することができます。

本書で掲載している曲は、月刊誌『教育音楽・小学版』の連載「山ちゃんの楽しいリズムスクール」で取り上げた作品の中から選曲しました。タイトル曲《B級グルメパーティ》は、子ども達が大好きな人気メニューである、ラーメン・カレー・うどん・やきそばを題材にしたボイス・アンサンブル曲です。他にも、《トン・トン・たんたんたん》《楽しい動物ランド》《アイネ・クライネ・ナハトムジーク with クラップ・ハンド》など低学年から高学年まで楽しめるものや、《ハロー・ニーハオ・こんにちは》《リズム DE コミュニケーション》など、英語活動や国際交流などでも活用できる教材をご紹介しています。

すべての子ども達は、心安らぐ場所や友達から認められる喜びを求めています。今回の作品を通して、自分の意思を伝達することが苦手で、友達から敬遠されていた子どもがコミュニケーション能力を高め、仲間意識を持ち（所属感）、自己表現力を向上させ（自尊感情を高める）、見ている人を楽しませる活動に発展する（自己実現）ことを期待しています。さらには、ボディパーカッション教育が特別支援教育の現場をはじめ、様々な支援を必要とする子ども達に喜びと感動をもたらしてくれることを願っています。

2010年2月　山田俊之

＊「ボディパーカッション」という名称は1986年、体全体を打楽器のように叩いて音を出し、リズムアンサンブルを作り上げることから筆者が名付けた造語です。

・ボディ：体（body）、パーカッション：打楽器の総称 (percussion)

Part 1

リズム DE コミュニケーション

リズムDEコミュニケーション

ボディパーカッションの原点である、おなじみのリズム遊び《みなさんリズム》の英語バージョンです。みんなで同じリズムを打っている仲間意識を育ててください。そのことが、お互いの信頼関係になっていくと思います。

★《みなさんリズム》については、既刊『体がすべて楽器です！　楽しいボディパーカッション①リズムで遊ぼう』（音楽之友社）の36ページ、「《みなさんリズム》のバリエーション」などをご参照ください。

演奏の仕方と留意点

指導者（リーダー）Ⓐと参加者Ⓑで行う、２小節のコール＆レスポンススタイル（問答形式）のリズム遊びです。

・声を出しながらボディパーカッションをしますが、ボイスのリズムと、ボディパーカッションのリズムが違うところがありますので、２段譜にしています。上の段がボイス（英語の言葉）で、下の段がボディパーカッションです。

・曲中に挙げているリズムパターンや叩くところだけでなく、様々なパターンをアドリブで加えていくのが楽しいのですが、まずは下記のようなステップで曲を覚えましょう。

1step　最初は「タン・(ウン)・タン・(ウン)・タン・タン・タン・(ウン)」のリズムパターンのみ、手拍子のみにして、英語の発音を覚えるようにしてください。

2step　「叩くところの例」を参考にして、手拍子だけでなく、おなか・ひざ・おしりなど叩くところを変えてみましょう。このリズムパターンだと、５か所叩くところがありますので、それぞれバラバラにすると、さらに難易度が高くなります。

3step　うまくできるようになったら、徐々にリズムパターンも増やして楽しんでください。また、体を叩いて音を出すことに留まらず、ジェスチャーやダンスのような動きを取り入れても盛り上がりますよ。《みなさんリズム》と同じように工夫をして楽しんでください。

指導のポイント

・子ども達は言葉を大きなフレーズとして覚えますので、指導者の方もできるだけネイティブ（英語を母語とする人）に近い発音を心がけて実践してください。

・ボイスとボディパーカッションのタイミングがうまく合わない場合は、ゆっくりしたテンポからはじめてください。

リズムDEコミュニケーション

山田俊之　作詞・作曲

パターンを変えて
くり返す

●叩くところの例

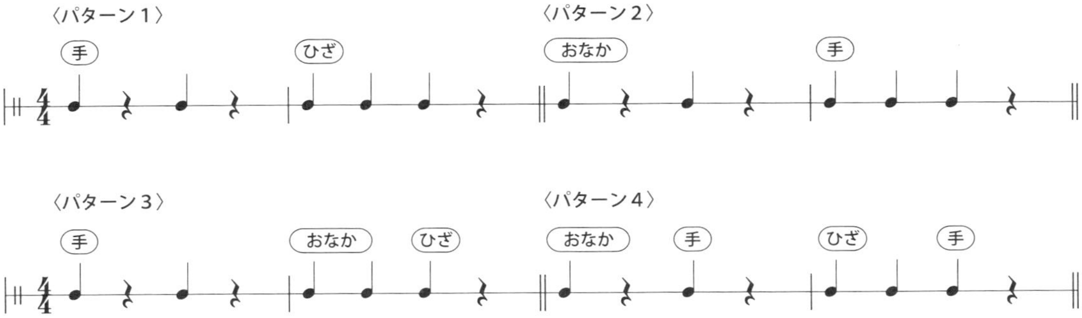

(手)＝手拍子　(おなか)＝両手でおなかを叩く　(ひざ)＝両手でひざを打つ

ハロー・ニーハオ・こんにちは

この曲は、以前私が教育委員会派遣で（財）久留米観光コンベンション国際交流協会に勤務していた時に、中国の姉妹都市との学校交流のために作ったボイスアンサンブル曲です。英語、中国語、日本語の簡単な挨拶の言葉を使っています。

日本の様々な都市が中国の都市と友好関係を作っています。国際交流教育などで活用していただければと願っています。

演奏の仕方と留意点

・全体を２パートに分けてください。

・[C] の２小節目は氏名を中国語読みで紹介するといいですよ。漢字の中国語読みは中国語辞典などで調べることができます。名前がひらがなやカタカナの子はそのまま言いましょう。

・「手拍子」とあるところは手拍子を入れてください。[H] の４小節目は「こんにちは」と言いながら手拍子を打ってください。

指導のポイント

・自分の名前を言うところは、テンポを気にしないではっきり声を出して言うように指導してください。そのことが、自己表現能力向上に繋がります。

・[A]、[E]、[H] の部分は、「ハロー」の前が半拍休みになるので気をつけてください。

・[D] の「ハロー」と「ニーハオ」を連呼する部分は、少しずつ声を大きくしたらより迫力が出ると思います。

ハロー・ニーハオ・こんにちは

山田俊之　作詞・作曲

トン・トン・たんたんたん

この曲は、２人組を作って行います。手拍子や足踏みを使って、楽しく友達とコミュニケーションを取ってください。簡単な曲ですので１年生から楽しめると思います。クラスの中や学校の集会などで楽しんでください。

演奏の仕方と留意点

・２人組を作ってください。『アルプス一万尺』（アメリカ民謡）、『茶つみ』（文部省唱歌）などのように、２人が向かい合って行います。

・２人組の組み合わせは、様々なパターンで対応してください。

［例］

仲の良い友達同士、日頃あまり話さない友達同士、男女２人組、親子、大人と子ども、先生と子ども、学年を超えた２人組、特別支援の子ども達との２人組……

・２人が同じリズムパターンですので、お互いに同じリズムを打っている仲間意識を育ててください。そのことが、お互いの信頼関係になっていくと思います。

・足踏みバージョンの B・D の部分は、ジャンプしてリズムを刻むような感覚で足踏みをしてください。

指導のポイント

・最初は手拍子バージョンを練習し、それができるようになってから、足踏みバージョンに挑戦してください。

トン・トン・たんたんたん

山田俊之　作曲

〈手拍子バージョン〉

トン・トン・たんたんたん

山田俊之　作曲

〈足踏みバージョン〉手拍子（両手でひざ打ち）のところを、足踏みに変えると、動きが大きくなって楽しくなります。

ハッピー・サークル

最近は「コミュニケーション能力」という言葉を頻繁に耳にするようになりました。現在の子ども達は少子化の進行やテレビゲーム、パソコンの普及などにより、大勢で遊ぶ、友人と語り合う、他の人と協力して何かを成し遂げるなどの多様な人間関係の中で、社会性や対人関係能力、いわゆるコミュニケーション能力を身につける機会が減ってきているように感じています。

この曲では、相手の肩を叩くスキンシップを通してコミュニケーション能力を培い、ボディパーカッションを楽しみましょう。

演奏の仕方と留意点

・円になって前の人の肩を軽く叩き、コミュニケーションを取りながら楽しめるボディパーカッション曲です。２小節パターンの簡単なリズムの組み合わせですので、低学年からすぐに取り組めます。どうぞ、クラスや学年の集会で楽しんでください。

・全体を４パートに分けてください。

・下図のように、①、②、③、④パートの順に円を作ります。パートが①、②、③、④、①、②、③、④、……となるように順番に１人ずつ並んでください。

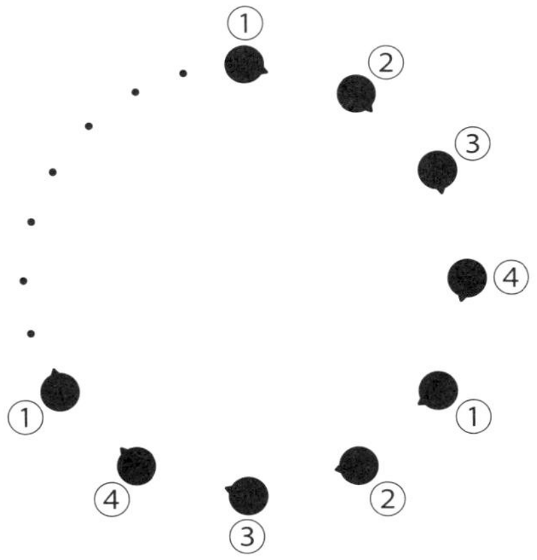

・G はエンディングで全員同じリズムを打ちますので、元気いっぱいに演奏してください。

・相手の肩を叩く力が強くなりすぎないようにしてください。

指導のポイント

・特に、エンディングは子ども同士の仲間意識や所属感を持たせたいところですので、みんなで元気いっぱい「ヤ！」と声が揃うように指導してください。

ハッピー・サークル

山田俊之　作曲

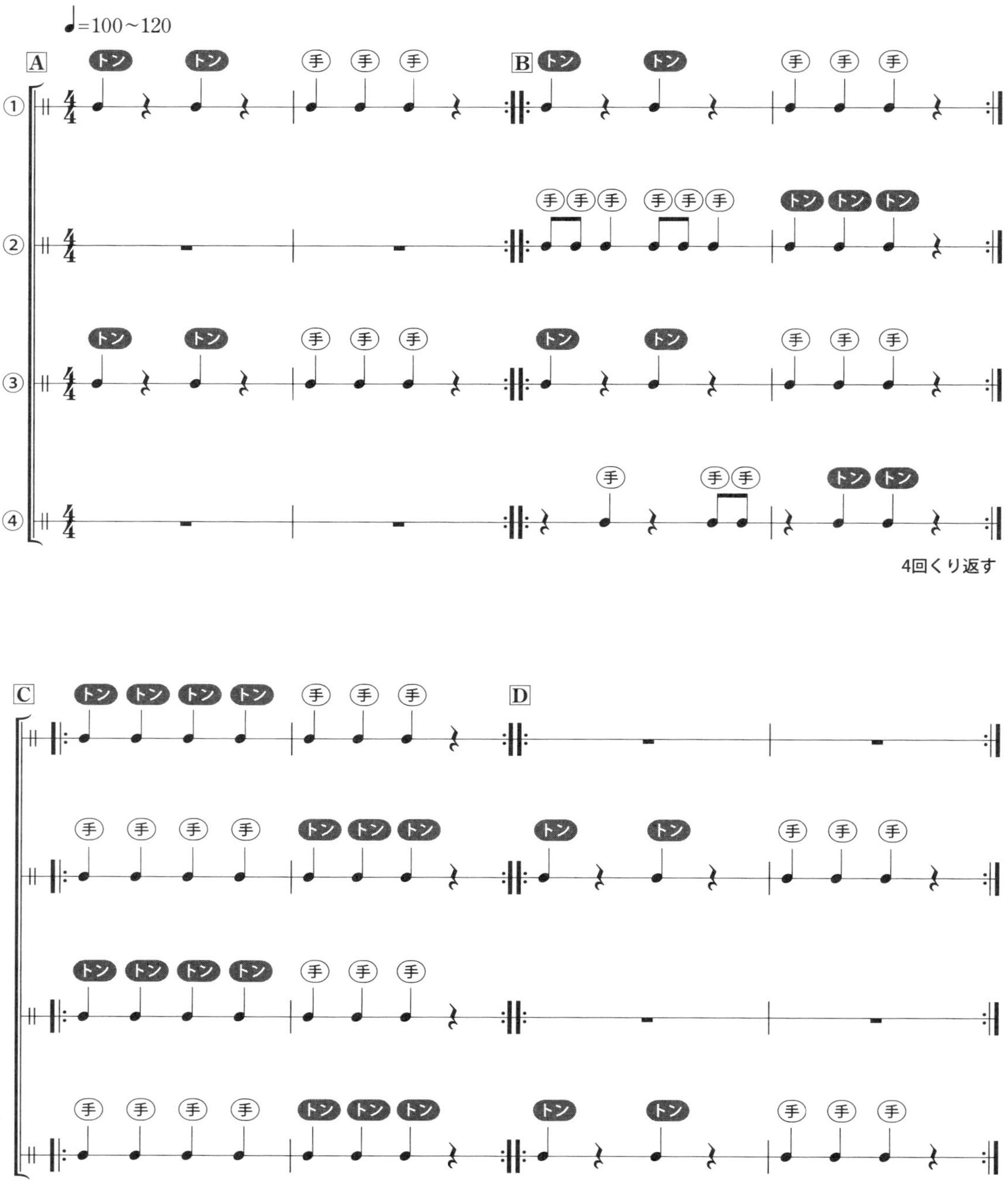

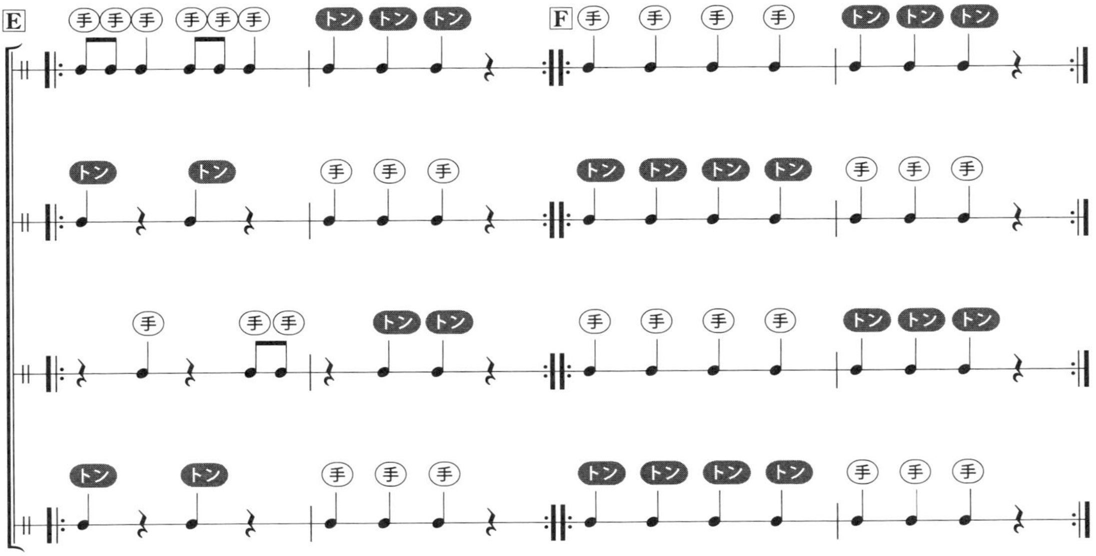

4回くり返す

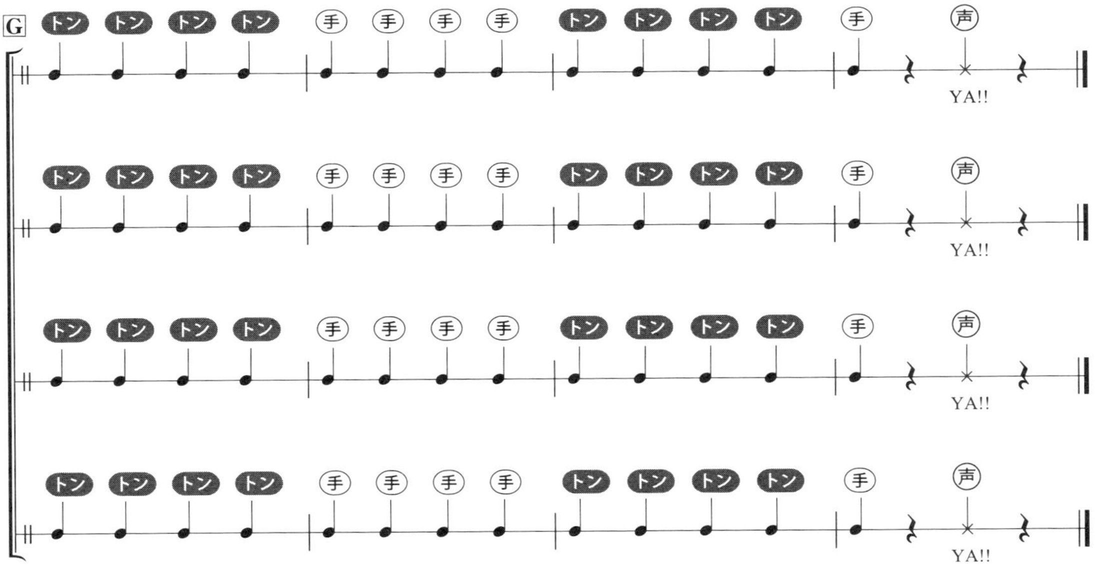

※ 手 ＝手拍子、トン ＝自分の前にいる人の肩を両手で叩く

ボディパーカッションでやってみましょう

手拍子

おなかを叩く

ひざを叩く

（ふとももの あたりを叩きます）

すねを叩く

胸を叩く

足踏み

おしりを叩く

両手を交差して肩を叩く

ジャンプする

※足踏みとジャンプ以外は、両手で叩く方法と左右交互に叩く方法があります。初めての人は、両手打ちからやってみましょう。

Part 2

ボイス・アンサンブル

楽しい動物ランド

この曲は「ゴリラ」「こひつじ」「うまさん」「モンキー」の４種類の動物の名前と鳴き声が出てきます。１年生から楽しめますので、授業参観、校内発表会、音楽発表会、全校集会などでご活用ください。

演奏の仕方と留意点

全体を①「ゴリラ」②「こひつじ」③「うまさん」④「モンキー」の４種類の動物のパートに分けてください。

・A・B・G は、ボイスと手拍子を一緒に演奏します。手拍子はアクセントをつけるように、弾けるような感じで打ってください。
・C から D は言葉を大切にして、大きな声ではっきり発声してください。
・E は、言葉が２パートで重なる楽しい部分ですので、音量のバランスに気をつけてください。
・F は、各パートが言葉をつないでいきますので、遅くならないように気をつけて、スピード感が出るようにしてください。
・G はエンディングですので、ボイスと手拍子を一緒に演奏して、みんなで手拍子と言葉が揃うようにくり返し練習してください。
・「ゴリラ」「こひつじ」「うまさん」「モンキー」の４種類の動物のお面などを図工の時間などに作って、演奏を楽しく盛り上げてください。

指導のポイント

・最初は部分的に練習を行ってください。その時、A → B、C → D、E、F、G と順番に、部分別にパート練習をすると良いでしょう。

B級グルメパーティ

この本のタイトルになった、手軽でおいしい「Ｂ級グルメ」を使った曲です。ここに挙げた４つのメニュー「ラーメン」「カレー」「うどん」「やきそば」は子ども達から聞いた人気メニューです。どうぞ子ども達と一緒にお楽しみください。

演奏の仕方と留意点

・全体を①「ラーメン」②「カレー」③「うどん」④「やきそば」の４パートに分けてください。

・曲の全体の流れとしては、下記のような内容になります。

[A]　ボイスアンサンブル＋手拍子

[B]　ボイスアンサンブル

[C]　①・②パートが手拍子、③・④パートがひざ打ち

[D]　ボイスアンサンブル＋手拍子

[E]　手拍子とひざ打ち

[B']　ボイスアンサンブル

[F]　全員同じ手拍子とひざ打ち

[G]　最初の２小節は全員一緒にボイスアンサンブル。３小節目は手拍子。４小節目は「ごちそうさま」と言いながら手拍子を元気よく打ってください。

・[F] と [G] がエンディングになります。全員一緒に元気よく演奏してください。また、この部分ではうまくできない子ども達も、みんなで同じリズムを打つことで安心感を持つことができます。リズムの一体感とアンサンブルの心地よさを味わわせてください。

・全校や学年・学級集会などみんなの前で発表するときは、各パートで、「ラーメン」「カレー」「うどん」「やきそば」の絵カードを画用紙などで準備すると楽しいと思います。

指導のポイント

・[A] の部分は各パートの紹介ですので、元気一杯に演奏してください。「カレー」と「うどん」は１拍目に八分休符がありますので気をつけてください。

・[D] と [E] のアンサンブルは、テンポが遅れてしまうことが多いですので、最初はゆっくり練習してください。

楽しい動物ランド

山田俊之　作詞・作曲

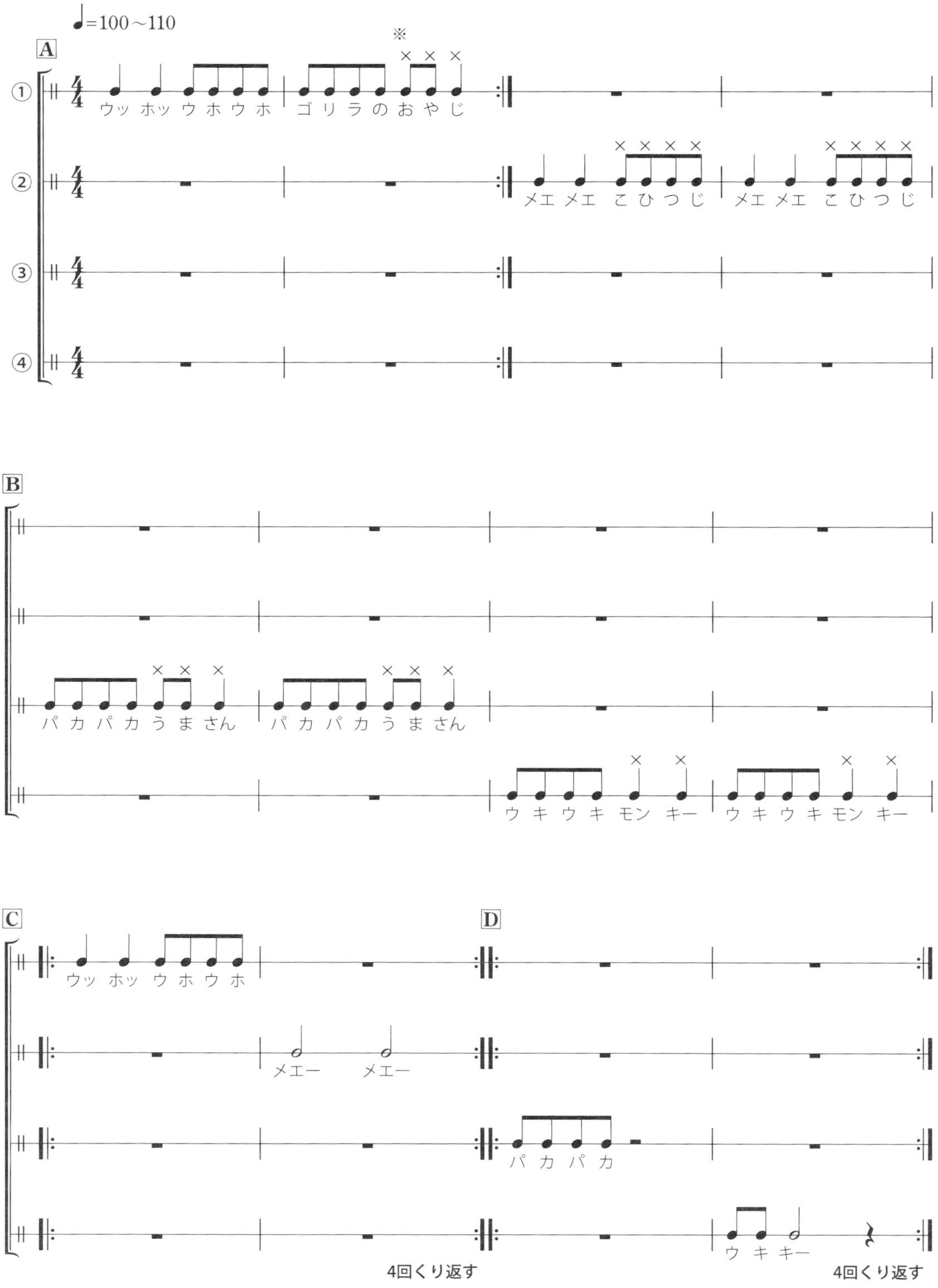

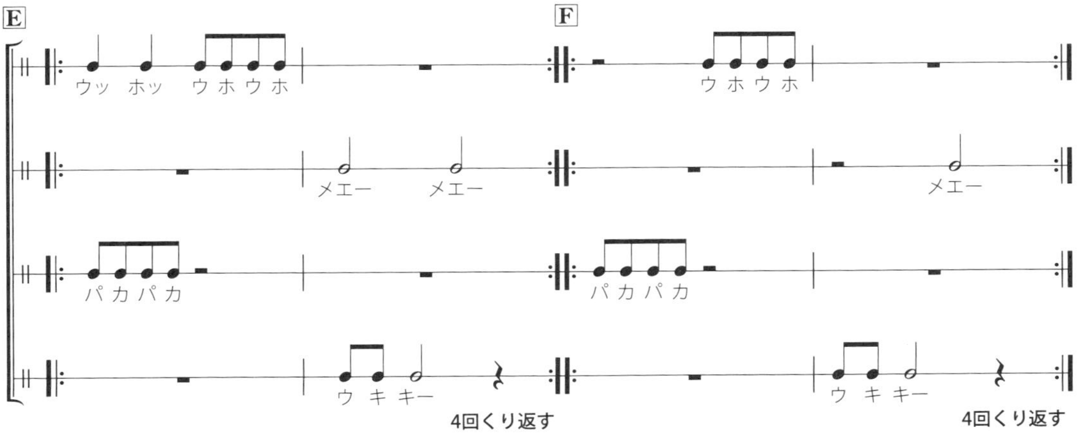

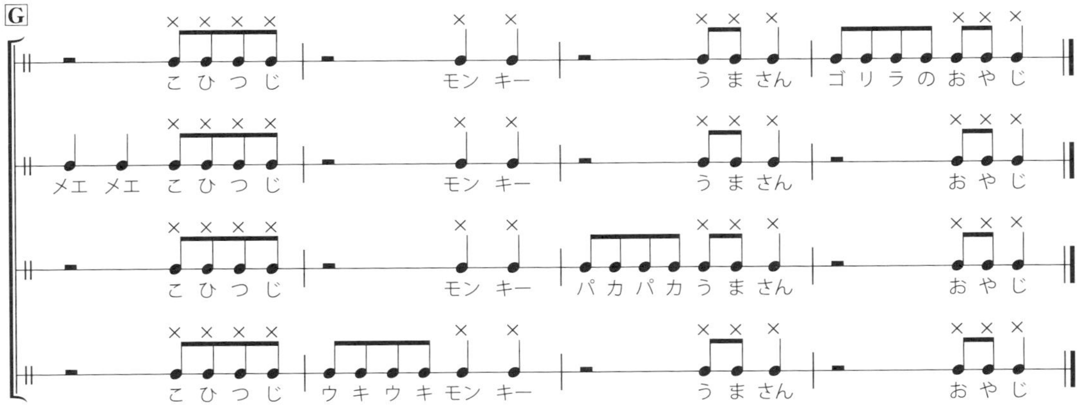

※ ♩(×) のところは、声といっしょに手拍子を打ちます。

B級グルメパーティ

山田俊之　作詞・作曲

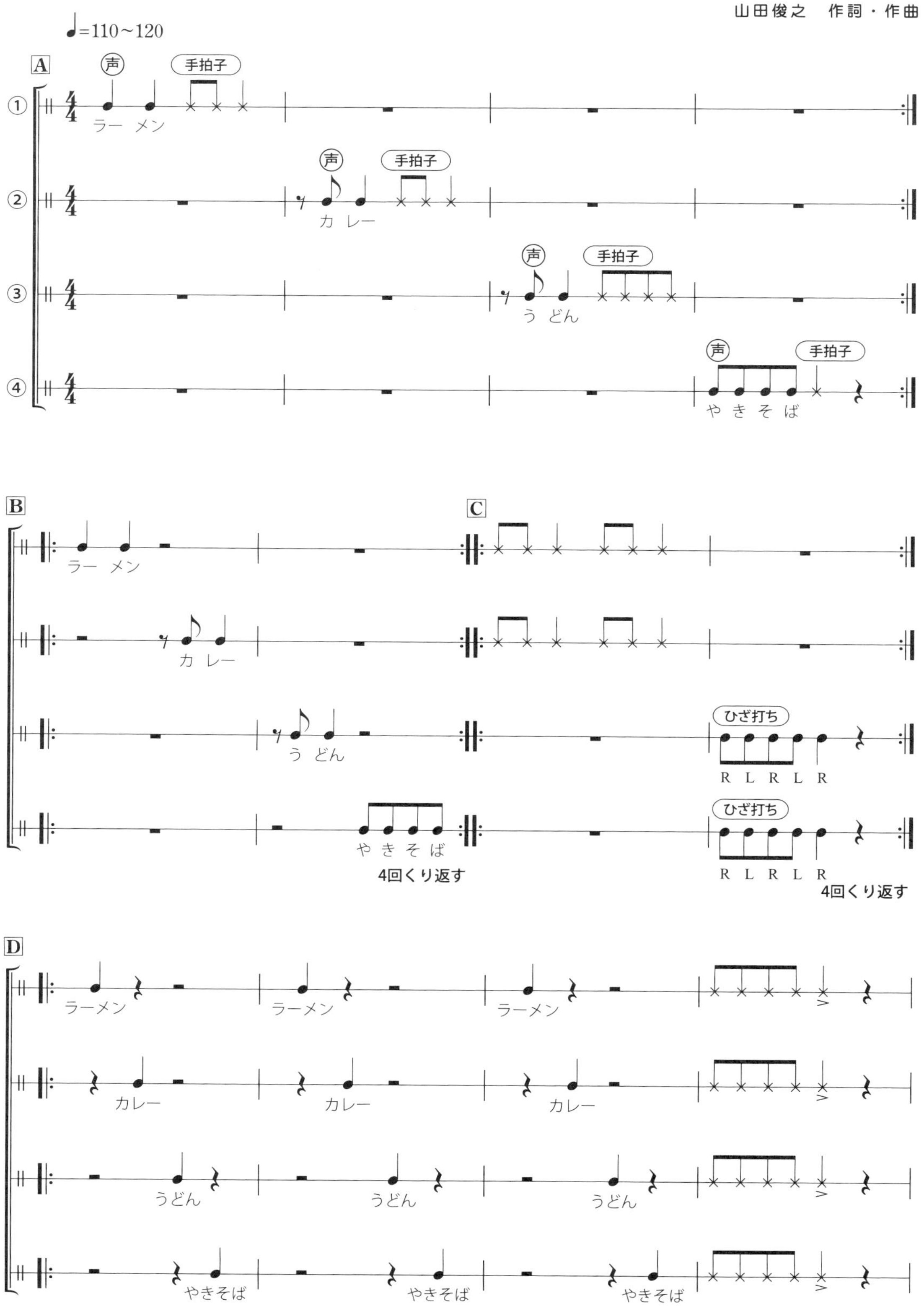

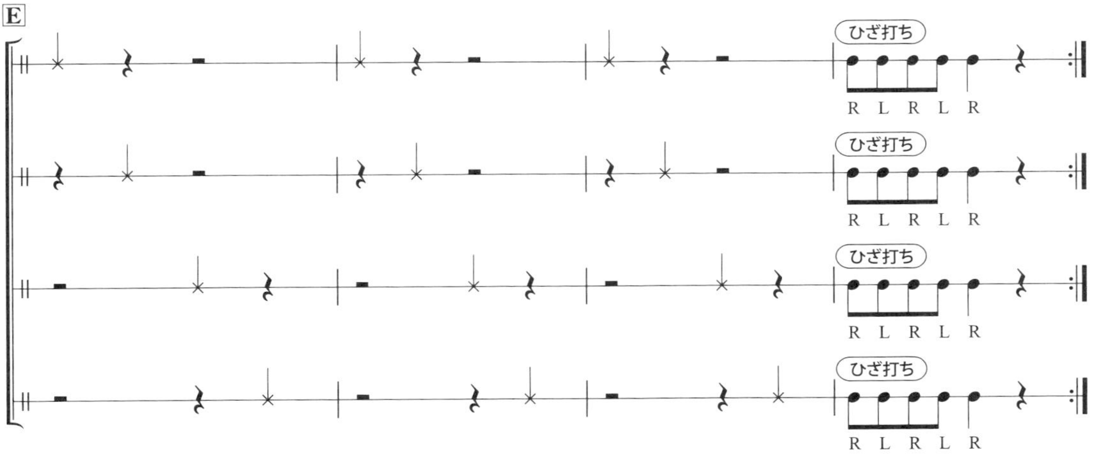
E
ひざ打ち
R L R L R
ひざ打ち
R L R L R
ひざ打ち
R L R L R
ひざ打ち
R L R L R

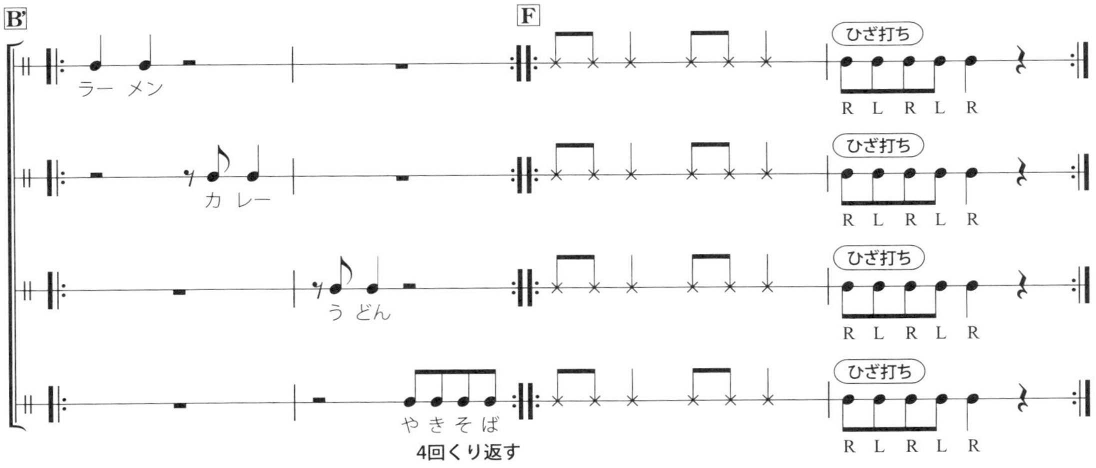
B'
F
ラー メン
カ レー
う どん
や き そ ば
4回くり返す
ひざ打ち
R L R L R
ひざ打ち
R L R L R
ひざ打ち
R L R L R
ひざ打ち
R L R L R

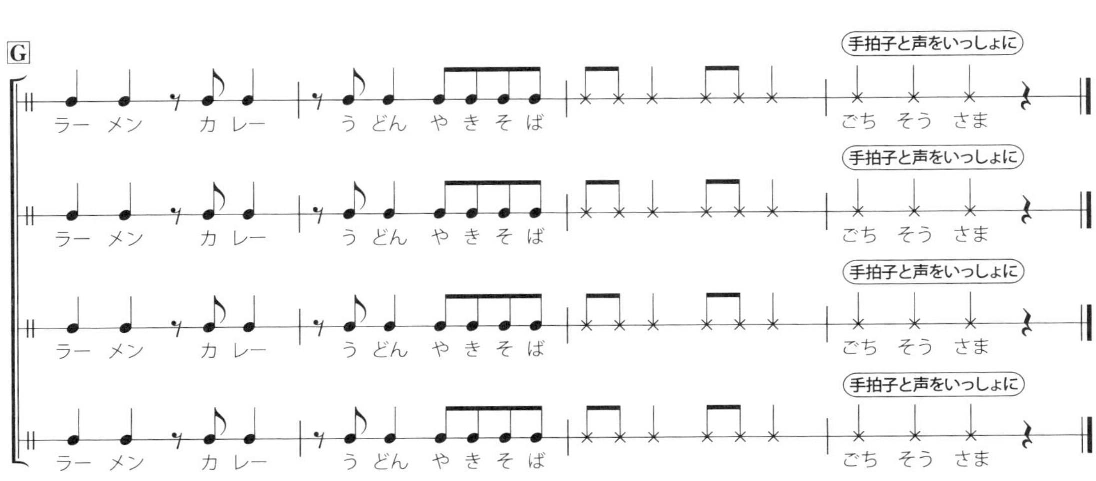
G
ラー メン カ レー う どん や き そ ば
手拍子と声をいっしょに
ごち そう さま
ラー メン カ レー う どん や き そ ば
手拍子と声をいっしょに
ごち そう さま
ラー メン カ レー う どん や き そ ば
手拍子と声をいっしょに
ごち そう さま
ラー メン カ レー う どん や き そ ば
手拍子と声をいっしょに
ごち そう さま

Apple's Heart

「りんご」をテーマにした、ボイスアンサンブルの曲です。２パートに分かれて演奏しますので、低学年や幼稚園などの幼児教育の現場でも、手軽に簡単に取り組めると思います。

「りんご」を選んだ理由は、私の好物だということもありますが、世界中の国々で食べられている果物だからです。ボディパーカッションも世界中の子ども達に楽しんでもらえたらと願っています。アメリカ・ニューヨーク市の愛称も「りんご」ですよね。

演奏の仕方と留意点

・全体を２パートに分けてください。

・A から E は、全員が同じフレーズで「りんご、りんご、りんごってどんなもの」と問いかけて、後半に答える問答形式（コール＆レスポンス）で演奏します。このフレーズは、全員で明るく元気に言ってください。

・下記のようなフレーズ（言葉）が出てきますので、低学年の子ども達にはとても楽しいと思います。その意味や語感も楽しんでください。

［形容詞］フレッシュ（新鮮･新しい）､あまい､すっぱい､やわらかい､かたい、小さい、大きい、大好き、おいしい

［食べる音のイメージ］シャキシャキ、いっきに「ガブリ」

［大きい動物］くじら、ライオン、熊、ぞう

［小さい動物］いもむし、あり、毛虫（げじげじ）、ちょうちょ

［食べ物］アイス、ソフト（クリーム）、ケーキ、プリン、りんごパン、りんごあめ

指導のポイント

・A から E までの後半２小節は、１パートと２パートが掛け合いになっていますので、少しゆっくりしたテンポから練習してください。

・F の後半はクレシェンドしてください。

・低学年や幼児教育などでは、「りんご、りんご、りんごってどんなもの」を４回ずつくり返すと、さらに「何が出てくるのかな？」という楽しい感じになります。

アフリカン・ボイス

皆さんに、アフリカの熱い音楽をお届けします。ちょっと馴染みのないリズムかもしれませんが、ぜひ子ども達と一緒にノリノリで楽しんでください。

この曲は、アフリカ・セネガル地方のパーカッショングループの有名な演奏家、ドゥドゥ・ンジャエ・ローズ氏が、ボディパーカッション演奏会でゲストとして参加していただいたヤス・岡山氏（1990年アメリカ・バークリー音楽院で年間最優秀ドラマーに選ばれたジャズドラマー）に伝授したリズムを、私がボイスアンサンブルにアレンジして作曲しました。

演奏の仕方と留意点

- 全体を４パートに分けてください。
- １パートから２小節ずつ遅れて入ります。
- 各パートが重なって、アフリカン太鼓の雰囲気が出てきます。
- ①パート「タンタカ」は、音が高めの太鼓を細かく打っているのをイメージしてください。このリズムは、１拍で「タンタカ」と歯切れよく言ってください。最初の「タン」をやや強めに発音してください。
- ②パート「（ウッ）カン　（ウッ）カカン」は、１拍目が休符になりますので、２拍目の「カン」を歯切れよく発音してください。
- ③パート「パタパタ」は、低い音の太鼓の端を手のひらで細かく打っているイメージです。１拍目から３拍目まで休みになりますので、タイミングを間違えないように「パタパタ」と１拍で力強く発音してください。
- ④パート「ボン・ボボン・ボン」は、低くて響きのある太鼓をイメージしていますので、音が伸びるような発音にしてください。

指導のポイント

- Ｄのところは大人数で発音しますので、「ド」と「パ」のところは歯切れよく、「ドーン」「パーン」のところは音が伸びるように発音してください。最後の２拍は手拍子を力強く打ってください。

Apple's Heart《アップルズ・ハート》

山田俊之 作詞
作曲

♩=80～100
A
①
りんごりんご
りんごってどんなもの
まるい
すっぱい
フレッシュ
ほっぺがおちる
②
りんごりんご
りんごってどんなもの
あまあま
ジューシー
ジュースほっぺがおちる
B
りんごりんご
りんごってどんなもの
かたい
いっきに
アップル
ひゃくパーセント
りんごりんご
りんごってどんなもの
シャキシャキ
ガブリ
ジュースひゃくパーセント
C
りんごりんご
りんごってどんなもの
ライオン
くじらに
りんごとくらべておおきいな
りんごりんご
りんごってどんなもの
ぞうさん
くまさん
りんごとくらべておおきいな
D
りんごりんご
りんごってどんなもの
イモむし
ありさん
りんごとくらべてちいさいな
りんごりんご
りんごってどんなもの
ゲジゲジ
ちょうちょ
りんごとくらべてちいさいな

E
りんご りんご りんごってどんなもの ケーキに ソフトに りんごとくらべてやわらかい
りんご りんご りんごってどんなもの アイス プリン りんごとくらべてやわらかい
F
アップルケーキ りんごパン アップルアップルアップルアップル アップルアップルアップルアップル
アップルパイ りんごあめ アップルアップルアップルアップル アップルアップルアップルアップル
G
アップル アップル アップル おいしい りんご だいすき
フルーツ ハート アップル おいしい りんご だいすき

アフリカン・ボイス

山田俊之　作曲

※ 𝄋 で再び CD を演奏する際も、CD それぞれをくり返します。

エピソード 1

ボディパーカッション曲誕生の秘密 順番に入る形式が多いのはなぜ？

本書で紹介している、《リズム DE コミュニケーション》（6 ページ）は、《みなさんリズム》というリズム遊びの英語バージョンです。このリズム遊びがボディパーカッションの数々の名曲（迷曲？）を生み出してくれました。

《手拍子の花束》《花火》などはその代表です。実は、このリズム遊びを行うことで子ども達がすぐにできそうなリズムパターンを把握し、それを組み合わせて曲を作ることを始めたのです。《手拍子の花束》はドラムセットで両手両足を使い分けるような感覚で、子ども達を 4 つのパートに分け、《花火》は《かえるの合唱》のようなカノン形式（輪唱）を使い、インドネシアのケチャを参考にして作曲しました。

また、研修会などで「各パートが順番に入ってくる曲が多いのはなぜですか？」という質問がよくあります。どちらの曲もそのような形式になっていますが、音楽的な意図は全くありません。発達障害の子どもも含めて、みんなと一緒に「同時に演奏を始めることが難しい」子どもがいたので、そのような子が安心して曲に参加できるように配慮して、順番に入る形式にしたのがきっかけです。これからも、様々な支援が必要な子ども達も含めて、世界中の子ども達へボディパーカッション教育の楽しさを伝えたいと思っています。

＊《みなさんリズム》《手拍子の花束》《花火》はいずれも、既刊『体がすべて楽器です！楽しいボディパーカッション①リズムで遊ぼう』（音楽之友社）に収録されています。

エピソード 2

ボイス・アンサンブル曲誕生の秘密 歌が苦手でも楽しめる合唱を！

本書でも紹介している、言葉を使ったボイス・アンサンブル曲《B 級グルメパーティ》（19 ページ）・《楽しい動物ランド》（18 ページ）などが生まれた背景をお伝えしたいと思います。

1988 年、久留米市立南薫小学校 5 年生約 120 名の合唱指導を行い、市内の合唱祭に出演しました。その時、私の指導力不足もあって地声で歌い、音程がうまく取れない子どもがいました。その子はとても楽しそうに歌っていたのです。しかし、周りの子ども達が気にし始めたので、日を追うごとに暗い顔になっていくのがわかりました。後でわかったのですが、その子は「やや難聴気味」だったようです。

そこで、歌が苦手な子どもでも気軽に声を出して楽しめる合唱のような曲ができたらと考え、ボディパーカッション曲《手拍子の花束》のリズムに言葉を組み合わせて作ったのが《グー・チョキ・パー》《ワン・ニャー・ブーブー・コケコッコー》です。その後、子ども達が大変喜んでくれたので《フルーツ・アラカルト》《ほかほかパン屋さん》《ケチャ風お茶づけ》などを作りました。

これらをボイス・アンサンブルと名付け、「誰でも声を出して、リズムが楽しめる合唱曲」としました。ボイス・アンサンブル曲の良さは、日頃歌が苦手な子でも、音程をとるのが難しい子でも、元気よく声を出して言葉を重ね、体全体で表現できる楽しさではないでしょうか。さらに、このことが合唱の楽しさに発展してくれることを願っています。

＊《グー・チョキ・パー》《ワン・ニャー・ブーブー・コケコッコー》《フルーツ・アラカルト》は、既刊『体がすべて楽器です！楽しいボディパーカッション②山ちゃんのリズムスクール』に、《ケチャ風お茶づけ》は『体がすべて楽器です！ザ・ボディパーカッション　ケチャ風お茶づけ』に、《ほかほかパン屋さん》は『同　ほかほかパン屋さん』（いずれも音楽之友社）に収録されています。

Part 3

気軽に取り組める
ボディパーカッション曲

2色の手拍子

この曲は、手拍子の打ち方を工夫して演奏します。フラメンコの手拍子、パルマ（Palma）から手拍子の打ち方のヒントを得て作ってみました。

手拍子の音の高さを、低い音と高い音に分けて演奏します。リズムは簡単な組み合わせですが、低い音と高い音のアンサンブルになるので華やかな感じがあります。手拍子の音の高低（２色）を感じながらアンサンブルを味わっていただきたいと思います。

演奏の仕方と留意点

・全体を２パートに分けてください。

・高低の手拍子の音の出し方はそれぞれ、
「低い音の手拍子」は、左右両手の「手のひら」の部分を打ち合わせて低い音を出してください。
「高い音の手拍子」は、左手（右手）の手のひらの部分に、右手（左手）の「指の部分（人差し指、中指、薬指、小指）」を揃えて打ち合わせて高い音を出してください。

低い音の手拍子

高い音の手拍子

指導のポイント

・D の部分は１小節ずつ、手拍子の音の高低が変わりますので、集中して練習をしてください。

・手拍子の打ち方に慣れるまでは、まず高い音と低い音の打ち方だけを練習してください。

手拍子　パルマ（Palma）について

フラメンコの中での手拍子の呼び名。甲高い音の「セコ（seco）」と低くこもった音の「バホ（bajo）」の２種類の音を使い分けながら、踊り手やギタリスト、歌い手の呼吸に合わせて叩いていきます。フラメンコの音楽で重要な役割を持ちます。

2色の手拍子

山田俊之　作曲

心合わせて手拍子タタ・タン

この曲は簡単な曲ですので、1年生から楽しめると思います。各パート、２小節のリズムパターンの最後に「ヤ！」という声が入ります。この声が曲のタイトルである、みんなと一緒に「心合わせて」ということにつながります。どうぞ、クラスや学年、学校の集会で楽しんでください。

演奏の仕方と留意点

・全体を３パートに分けてください。①・②・③パートの人数の配分が、２：１：１になるようにしてください。

＊１クラス 32 名の場合（参考例）

①パート：16 名　②パート：８名　③パート：８名

・17 小節目～ 24 小節目の８小節間では、***pp***（とても弱く）から ***ff***（とても強く）へとだんだん変化していきます。

・テンポは 120 ～ 140 としていますが、その中でも低学年は速め、高学年は遅めで演奏しましょう。年齢によって手を動かしやすい速さは異なりますので、低学年と高学年では演奏しやすいテンポは変わってきます。また、このような曲は、速いテンポで演奏するよりも、落ち着いたテンポでじっくりと演奏するほうが難しいのです。だから、ゆったりしたテンポのほうが難易度が高くなるのです。

指導のポイント

・今回の曲は手拍子とかけ声の演奏ですから、長時間練習すると手拍子で手のひらが赤くなったり、痛くなったりする時がありますので十分注意してください。１回の練習はできれば 15 分程度で終わらせるようにしてください。

・声は元気いっぱい「ヤ！」「ソレ！」と揃うように指導してください。このことで、子ども同士の仲間意識や所属感を持たせたいと思っています。

クラップ・ステップ・シアター

この曲は、手拍子と足踏み（ジャンプなども含む）を組み合わせた曲です。簡単なリズムの組み合わせですので、低学年から高学年まで楽しめると思います。中に少し難しいアンサンブルが入りますが、やりがいもありますので、がんばって挑戦してみてください。

演奏の仕方と留意点

・全体を３パートに分けてください。
・①パートはしっかり足踏みをして、落ち着いたリズムで演奏してください。
・②パートはジャンプするような足踏みで裏拍から入りますので、軽やかなリズムをイメージして演奏してください。
・③パートは、一番難しいパートになりますが、手拍子と足踏みのコンビネーションが大切ですので何度も練習しましょう。４拍目の足踏みは、ジャンプするように演奏してください。
・D とコーダは、手拍子と足踏みの組み合わせになり、全員同じ演奏をします。

指導のポイント

・E は、３パートが互いにリズムを打ちますのでくり返し練習してください。また、③パートが他のパートに比べて難しくなっていますので、十分に練習してください。

心合わせて手拍子タタ・タン

山田俊之　作曲

※パートの人数は、①：②：③＝２：１：１になるようにします。

クラップ・ステップ・シアター

山田俊之　作曲

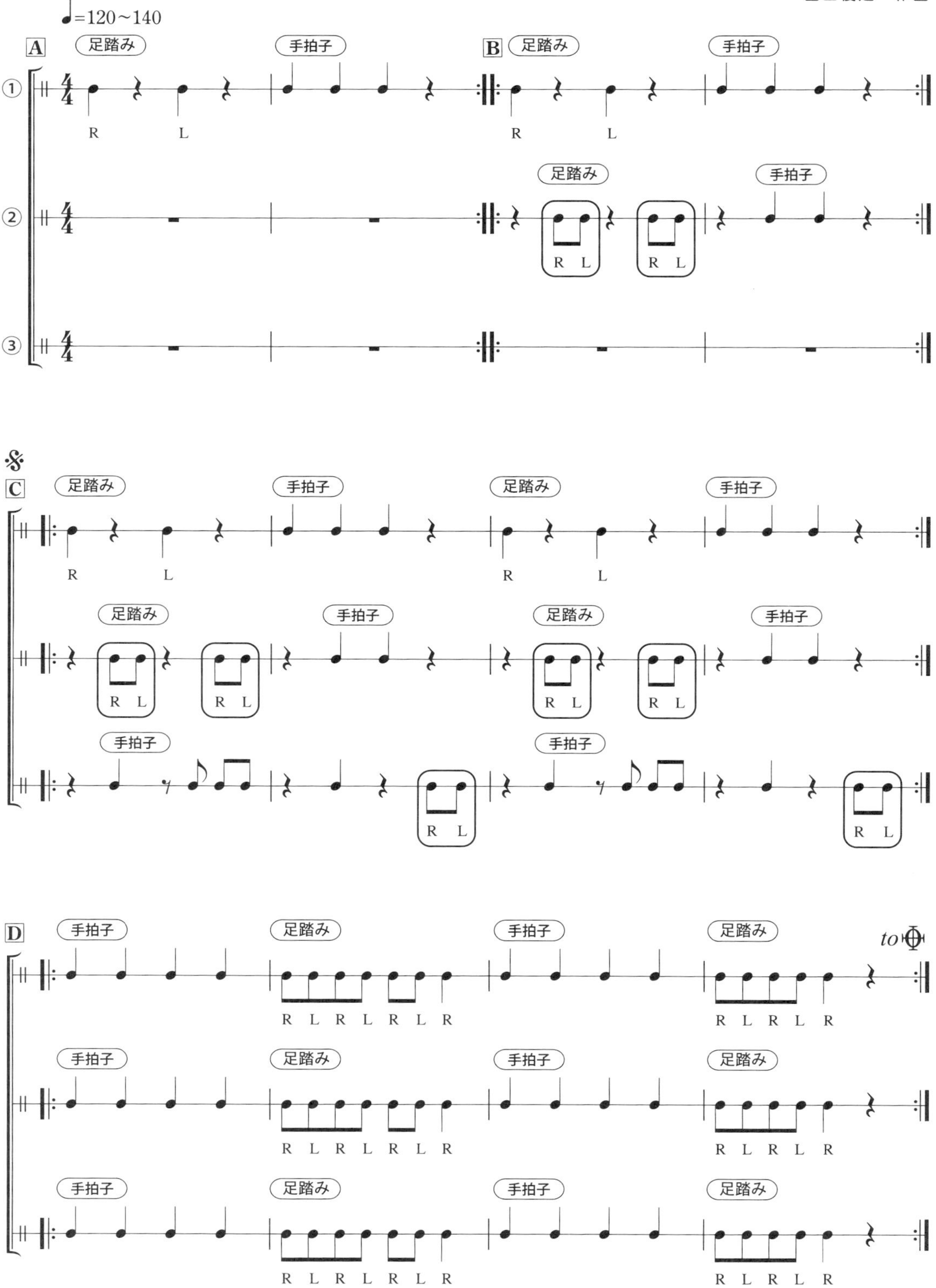

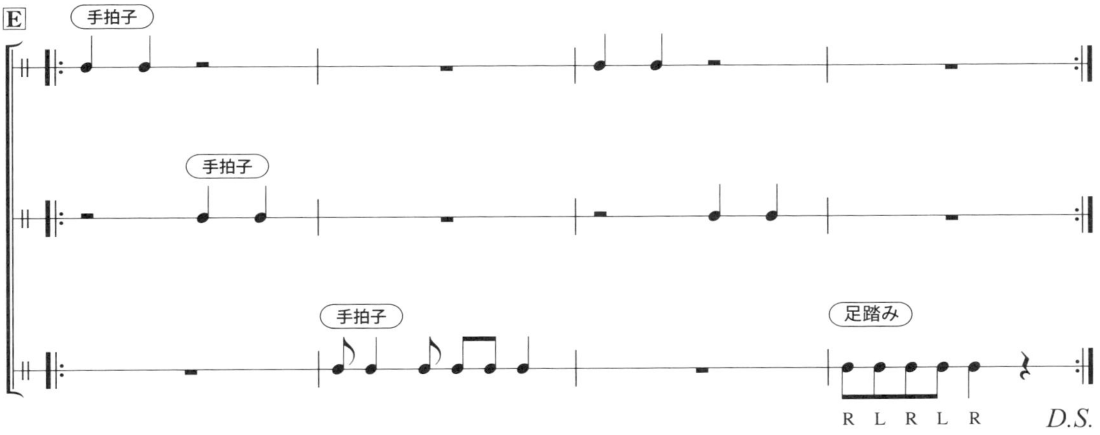

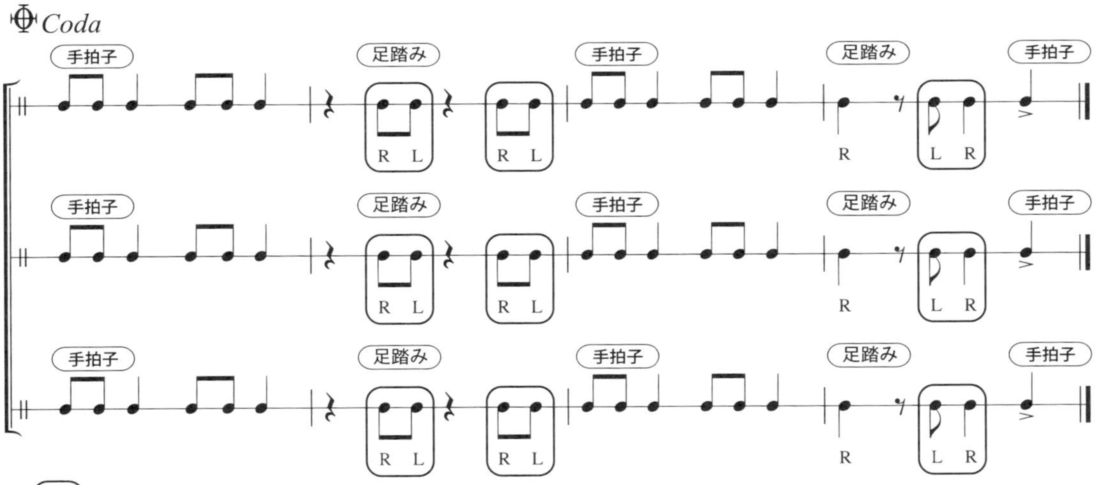

※  となっているところは、両足でジャンプし、リズムに合わせてそれぞれ片足ずつ着地します。

手打ち二《に》人《にん》囃子《ばやし》

　日本の風習の一つで、ものごとが無事に終わったことを祝い、その関係者がかけ声とともにリズムを合わせて打つ手締め（手打ち）をイメージして手拍子の曲を作りました。手締めは、今でも祭りや冠婚葬祭などの式典、宴会などの締めによく使われています。

　この曲は１年生から６年生まで、段階的に難しいレベルへの組み合わせができますのでどうぞ楽しんでください。リズムを聴き合いながら手拍子を合わせることは、お互いを思いやり、コミュニケーションをとっていく第一歩になると思います。また、音楽的にもアンサンブルの基本を身につけることになります。

演奏の仕方と留意点

・この曲は手拍子２パートのアンサンブルです。下の例のように、演奏の順序を変えることで難易度をステップアップさせながら、低学年から中学年、そして高学年まで十分楽しめると思いますので、段階的に指導してください。

＊各レベルに応じた演奏の順序（例）

1 初級レベル（低学年程度）

[A]－[A]－[B]－[B]－[G]

2 中級レベル（中学年程度）

[A]－[B]－[B]－[C]－[C]－[G]

3 上級レベル（高学年程度）

[A]－[B]－[C]－[D]－[D]－[E]－[E]－[G]

4 達人レベル（演奏会や発表会で披露）

[A]－[B]－[C]－[D]－[D]－[E]－[E]－[F]－[G]

・初級レベルと中級レベルは、楽譜には表記していませんが、[A]・[B]（初級）、[B]・[C]（中級）をくり返して演奏します。

・上級レベル・達人レベルともに[D]と[E]はくり返しがあります（楽譜に記載）ので注意してください。

・手拍子は元気よくはじけるように打ってください。

指導のポイント

・「ハッ」「ソレ」「ヨッシャ」「ヤッ！」と一緒に声を出すところは、子どもたちにグループでの所属感（存在感）を意識させますので、全員一緒に元気よく声を出すように指導してください。

・[E]と[F]の部分は、楽譜上では簡単に見えますが、実際の演奏はかなり難しいですのでよく練習してください。

ボディパDE阿波踊り

以前、徳島県小学校音楽教育研究会で研修指導をさせていただいたことがあります。リズム遊びの指導時間、スネアドラムで阿波踊りのリズムを叩くと、研修会参加者の先生方が一斉に阿波踊りを踊り始めました。リズムに乗った、それは見事な踊りでした。徳島の先生方は伝統芸能を守る意味でも、阿波踊りを踊れることに誇りを持っておられるように感じました。素晴らしいと思います（羨ましいです）。

この曲の作曲にあたっては、鳴門教育大学附属小学校の小川先生に詳しい資料をいただきました。

演奏の仕方と留意点

・全体を３パートに分けてください。
・リズムのベースは阿波踊りの曲の特徴である、「タッカ」の跳ねるリズムです。体でそのリズムを感じるようにしてください。
・①、③パートは主に、「タッカ」のリズムのひざ打ちと手拍子です。
・②パートは主に、「タッカ」のリズムのひざ打ちと足踏みです。
・最後は、全パート一緒に足踏みと手拍子が入ります。

指導のポイント

・阿波踊りの曲の特徴である、「タッカ」の跳ねるリズムはノリが大切ですので、少し速くなっても気にせず指導を進めてください。
・最後の小節は「ヤ！」と声を出しますので、しっかりみんなで合わせてください。

手打ち二《に》人《にん》囃《ばや》子《し》

山田俊之　作曲

♩=110～140（演奏する人の実情に応じて調整してください）

※CG 2小節目は、 と表記されることが多くありますが、 というリズムをまとまりとして捉え、それがくり返されていると考えた方が、より多くの人に理解しやすいという筆者の考えにより、このような表記を用いています。

ボディパDE阿波踊り

山田俊之　作曲

手拍子
ひざ打ち
R L R L R L R L R L R L R L R L R L R L R L R L R L R L R L R L
ひざ打ち
R L R L R L R L R L R L R L R L
足踏み
手拍子
R L
足踏み
R L R L R L
手拍子
R L R L R L R L R L R L R L R L R L
足踏み
手拍子
R L
足踏み
手拍子
声
R L
YA!!
足踏み
手拍子
声
R L
YA!!
足踏み
手拍子
声
R L
YA!!

エピソード3

ボディパーカッション教育と「コミュニケーション能力」について

ボディパーカッション教育における「コミュニケーション能力」とは、自己表現力であり、自分の思いや願いを相手に伝える力だと考えています。特に、子ども同士は顔の表情や身振り手振りが大変重要で、それらで言葉以上に気持ちを伝達する事ができると考えています。

ボディパーカッション教育では、身体表現で自分の気持ちを伝え、相手と納得しながら一つのリズムを作り上げます。そして、でき上がった作品を発表していくという過程を通して、子どものコミュニケーション能力を高めることを試みました。その時、大きな力を発揮するのが、非言語コミュニケーションでした。小学生はまだお互いに使用する語彙数が少なく、言葉だけではなく顔の表情・身振り手振りから、相手が好意的に思っているのか拒絶しているのかを感覚的に判断します。「相手を思いやり、相手の自尊感情を大切にする心」は非言語コミュニケーションでも十分に伝わると考えています。

21世紀には多様な文化、価値観を持った人々が共に生きる社会が現実化します。ボディパーカッション教育では言葉でうまく説明できなくても、顔の表情や身体を使って、身振り手振りで説明が可能です。だから、言語を使って論理的にうまく説明できない子どもにとっても、相手と対面していれば十分に自分の意思伝達が可能になります。このことが、自己の存在感を見いだし、他者から認められやすい教育環境を設定できるのではないでしょうか。自分の可能性を発揮し創造的な活動を行うボディパーカッション教育は、子どものコミュニケーション能力を高める活動になると考えています。

エピソード4

びっくり仰天「パチパチパンチ」の島木譲二さんとボディパーカッション

1995年2月上旬、当時の勤務先である久留米市立篠山小学校に電話がかかってきました。「毎日放送ですが、島木譲二さんと一緒にボディパーカッションの授業を行ってくれませんか？」そのとき、私は大変な勘違いをしてしまいました。というのも私は福岡在住ですので、地元にはRKB毎日放送（福岡市）があり、てっきり島木さんが福岡の教育関係者だと思い込んでしまったのです。当時、ボディパーカッション教育は全く社会的な認知がされておらず、地元の音楽教育関係者にすら「それ何？　体をたたいて音楽になるの？」と言われていました。そこで早速、校長先生に相談し、テレビに出るのは子ども達の励みになるということで、前述の勘違いをしたまま引き受けてしまいました。

ところが、撮影1週間前になって台本が送られてきてびっくり。島木さんが「大阪名物パチパチパンチ」で有名なあの島木譲二さんであること、さらには台本のタイトルが「日本一のパチパチ対決　島木譲二VS小学生」となっていることを初めて知ったのです。あわててディレクターの方へボディパーカッション教育活動の経緯などを連絡して、教育現場で撮影される場合は教育的な配慮をしていただくよう十分にお願いしました。

その時、強く危惧したのは「『ボディパーカッション』という名称が、上半身裸になって叩くイメージで一人歩きすることがないようにしなければ、それまで10年近く楽しんで活動してくれた子ども達に申し訳ない」ということでした。お陰で、撮影も順調に終わり、島木さんも子ども達も大変楽しく授業を進めることができました。もちろん、子ども達は大喜びでした。

＊番組名は「ダウトをさがせ！」、司会者は和田アキ子さんと島田紳助さんでした。

Part 4

発表会で披露したい名曲

波のかなたへ

この曲では、体全体を上からと下から、パタパタと十六分音符で小刻みに叩く〈ウェーブ奏法〉を使います。上から下へ、下から上へと体を叩いていく様子（シルエット）が、グループで演奏すると波が押し寄せているかのようなイメージになるので、《波のかなたへ》と名づけました。

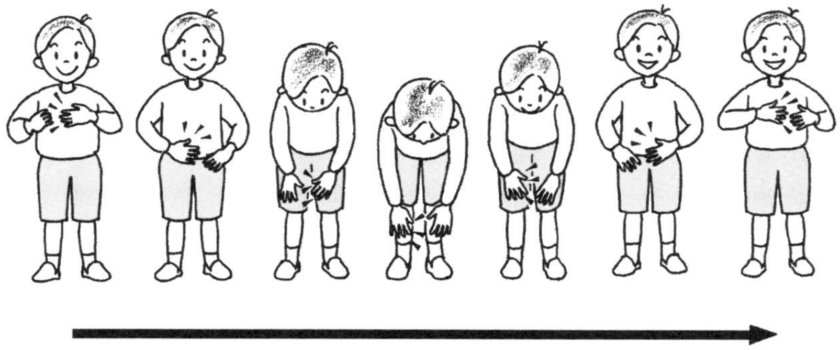

演奏の仕方と留意点

・全体を３パートに分けてください。
・演奏順は次のようになります。
A → B → C → D → E → A → B → C → コーダ（*Coda*）
・A とコーダの部分は３パート一緒に演奏します。

指導のポイント

・十六分音符を長く叩き続けると子ども達は大変疲れます。長時間練習すると、手首や叩いたところ（ひざやおなか）が痛くなることがありますので注意してください。１回の練習時間はできれば10分から15分程度で終わってください。また、正確に叩き続けられなくても、テンポが合っている場合は無理をさせないでください。
・各パート５人以上いる場合は、全体でうまく音が出ていれば大丈夫です。うまくできない子がいても他の友達がカバーできますので、全体の流れをとらえてください。全体の流れが合っていれば、途中でリズムがずれていても、あまり気にしないでください。

五月雨《さみだれ》

この曲は、小学校中学年以上が主な対象です。少し難しいかもしれませんが、完成すれば発表会などでも十分楽しめます。手拍子の音が五月雨のように聞こえるので、それを曲名にしました。

演奏の仕方と留意点

・全体を４パートに分けてください。

・[A] は①、②、③、④パートの順に２拍遅れで演奏します。①・②パートが表の拍から入り、③・④パートは八分休符があって裏拍から入ります。③・④パートは少し難しいですので、うまくできない子に配慮してください。

・[B] は①・②・③・④パート一緒に演奏します。手拍子、足踏み、ひざ打ちの組み合わせです。

・[C] は少し難しいですが、完成すると楽しい部分ですので、しっかり練習してください。[C] の前半は、テンポのキープが難しいかもしれませんので、ゆっくりのテンポから徐々に速くするように練習してください。後半は全員一緒に手拍子と足踏みの組み合わせになります。手拍子（２拍３連符）は元気よく、足踏みはジャンプするように飛び上がり、右足、左足と順に楽譜の通りに着地してください。

・コーダはひざ打ち、足踏み、手拍子と、音量的も次第に大きくなるようにしてください。

指導のポイント

・[B] は、[A] でうまくできなかった子ども達にとっても、この部分でもう一度リセット（やり直し）ができる場所です（私はこのような場所を「セーフティゾーン」と呼んでいます）。みんなで同じリズムを打つことで安心感を持つことができます。一体感とアンサンブルの心地よさを味わわせてください。

・[C] は、みんなのタイミングが合うと大変気持ちがいいのですが、うまくできない子は必ずいますのでその点の配慮をお願いします。少しずれても、装飾音符として考えてください。

波のかなたへ

山田俊之　作曲

♩=120～140

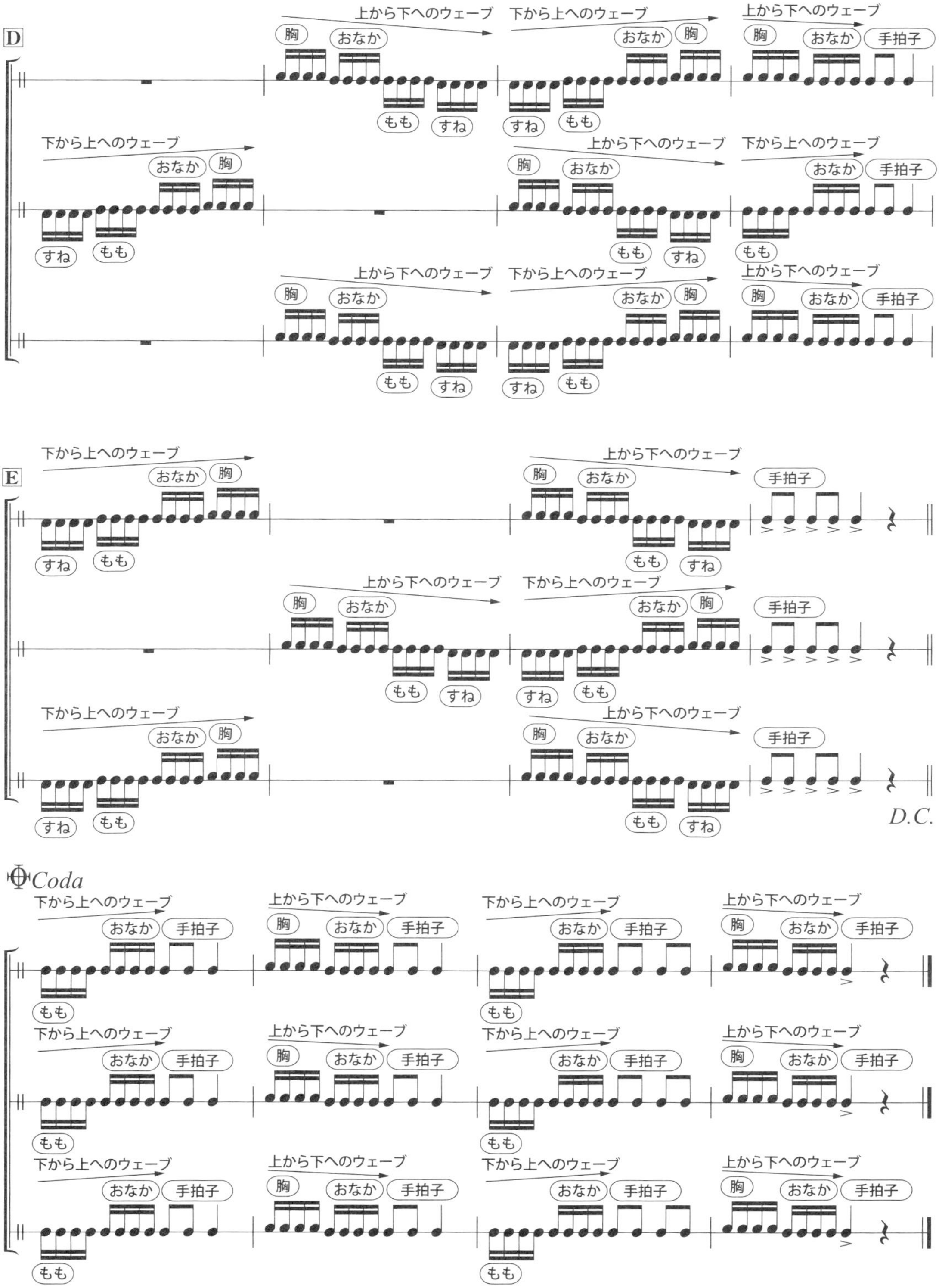
D
上から下へのウェーブ
下から上へのウェーブ
上から下へのウェーブ
胸
おなか
もも
すね
すね
もも
おなか
胸
胸
おなか
手拍子
下から上へのウェーブ
上から下へのウェーブ
下から上へのウェーブ
おなか
胸
すね
もも
胸
おなか
もも
すね
もも
おなか
手拍子
上から下へのウェーブ
下から上へのウェーブ
上から下へのウェーブ
胸
おなか
もも
すね
すね
もも
おなか
胸
胸
おなか
手拍子
E
下から上へのウェーブ
上から下へのウェーブ
おなか
胸
すね
もも
胸
おなか
もも
すね
手拍子
上から下へのウェーブ
下から上へのウェーブ
胸
おなか
もも
すね
すね
もも
おなか
胸
手拍子
下から上へのウェーブ
上から下へのウェーブ
おなか
胸
すね
もも
胸
おなか
もも
すね
手拍子
D.C.
Coda
下から上へのウェーブ
上から下へのウェーブ
下から上へのウェーブ
上から下へのウェーブ
おなか
手拍子
もも
胸
おなか
手拍子
おなか
手拍子
もも
胸
おなか
手拍子

五月雨《さみだれ》

山田俊之　作曲

※ *D.C.* 後の **A** **B** はくり返しません。

コスミック・ドラム

2000年9月に、「宇宙の日」のイベントで演奏した曲の一部を編曲し、《コスミック・ドラム》と名付けました。低学年では少し難しいかもしれませんが、中学年以上であれば十分楽しめます。

演奏の仕方と留意点

・全体を4パートに分けてください。①パートと③パートは少し難しいですので、パート決めの際に配慮をお願いします。
・A は①パートから④パートまで順番に、各パート4小節ずつ遅れて演奏に入ります。C は逆に、④パートから①パートまで順番に演奏に入ります。
・①パートはひざを、「右手のみ」・「両手」で打ちます。
・②パートは裏拍で手拍子を打つのが続きますので、テンポが速くなりすぎたり、遅くなったりしないようにしてください。
・③パートは手拍子と足踏みのコンビネーションです。2拍目・3拍目、右足・左足の足踏みの前はリズミカルにジャンプして行うと、弾んだ感じが出て楽しそうになります。
・④パートは、2小節のリズムパターンのうち最初の1小節は両手で各部位を一緒に打って、2小節目の最初の2拍はひざとおなかを左右の手で交互に打ち、最後の2拍を手拍子で打ちます。
・B、B' は全員一緒に同じ演奏をします。

指導のポイント

・①パートは常にひざ打ち（実際は太もものところを叩きます）をするため、太ももが赤く腫れてしまう場合がありますので、配慮をお願いします。

アイネ・クライネ・ナハトムジーク with クラップ・ハンド

モーツァルトの有名な《アイネ・クライネ・ナハトムジーク》に合わせた、手拍子のボディパーカッション曲です。1年生から6年生まですぐに取り組むことができ、特別支援が必要な子ども達も参加できます。

この曲は、今から20数年前にボディパーカッション教育活動始まりのきっかけを作ってくれた曲であり、その20年後に、当時勤務していた久留米養護学校高等部の生徒と約1ケ月半かけて練習した思い出の曲です。

指導した生徒は自閉症、アスペルガー症候群、広汎性発達障害、学習障害、注意欠陥多動性障害、ダウン症、脳性まひ、軽度発達障害、肢体不自由含む重複障害等車いすの生徒を含めた約20名です。初演は2006年12月に福岡で行った「ボディパーカッション研究発表会全国大会・ＮＨＫ交響楽団＆ボディパーカッション演奏会」で、篠崎史紀氏（ＮＨＫ交響楽団第１コンサートマスター）と相談し、教育的主旨を考えこの演奏会の１曲目に演奏しました。私にとって、過去３回のＮＨＫ交響楽団との共演の中でも思い出深い１曲になっています。

演奏の仕方と留意点

・パート分けはせず、全員が同じリズムを打ちます。《アイネ・クライネ・ナハトムジーク》の生演奏やCDに合わせて手拍子を打ちましょう。

・下記の３種類のリズムパターンで演奏します。

㋐ ♩𝄽♩𝄽♩♩♩𝄽　タン・ウン・タン・ウン・タン・タン・タン・ウン

㋑ ♩♩♩𝄽　タン・タン・タン・ウン（チューリップリズム）

㋒ ♫　タタ（歯切れ良くスタッカートのリズム）

・（　）の部分は、余裕があれば音に厚みを出すために加えてください。

チューリップリズム

チューリップの花のような形で手拍子を行います。顔の前で分かりやすく叩きましよう。打った音が手拍子や足踏みに比べて極端に小さいので、音を聞くための集中力が必要となります。

コスミック・ドラム

山田俊之　作曲

C
胸
おなか
もも
すね
ひざ
手拍子
R
L
B'
足踏み

アイネ・クライネ・ナハトムジーク withクラップ・ハンド

モーツァルト　作曲
山田俊之　編曲

mp
f
ウ
ア
ウ
p
ア
mf
イ
(チューリップリズム)
p

おわりに

今まで教師として25年以上、小学校や特別支援学校（養護学校：発達障害、聾学校：聴覚障害）の子ども達の指導に関わってきました。その中で、ボディパーカッション教育のようなリズム身体表現活動は、人間の心の奥深い部分を揺さぶる不思議な力があると感じています。

昨年11月、九州聴覚障害教育研究大会・音楽部会に助言者の立場で参加した時、ある聾学校の校長先生が、「昨年、自校のアンケート調査で、先生の約７割は『聾学校の生徒には音楽科は必要ない』と思っていた」という主旨のデータを報告されました。

本書にご紹介しているような、自分の体を使って叩く音や言葉の重なりを振動（リズム）として伝えるボディパーカッション教育は、聴覚障害があっても音楽を楽しむことができます。さらには、子ども達の表現力を豊かにし、コミュニケーション能力を高めるのに有効ではないかと考えています。

私事で大変恐縮ですが、昨年12月にＮＨＫ障害福祉賞最優秀を受賞しました。それは1997年より現在まで継続して行っている聾学校（聴覚障害）生徒への、ボディパーカッション教育の実践に対する評価でした。審査委員のお一人であるノンフィクション作家の柳田邦男氏に、選評の中で「手拍子、お腹や脚を叩く、足踏みをするといった全身で自分を表現することが、聴覚障害を超えて、心を高揚させ、生きるエネルギーを溢れるほど引き出すのだと知って、心を揺さぶられました。（中略）人間のコミュニケーション能力の未開拓だったこの表現領域を開花させた着想と努力を称賛したい。自己肯定感を持てない子どもたちを、この輪の中に巻き込む活動が広がることを期待したい。」と書いていただきました。

また、過去３度、NHK交響楽団の方々と聾学校（聴覚障害）や養護学校（発達障害）の生徒が共演させていただきました。2006年公演の時、第１コンサートマスターの篠崎史紀氏にはNHKテレビのインタビューの中で「聾学校の子ども達がこんなに音楽を楽しめるということは、今までの音楽の壁を壊すことだ」とまで言っていただきました。これらのことは20数年前に考案し、今日まで継続して行ってきたボディパーカッション教育に対しての、大きな喜びと誇りに繋がっています。

本書に掲載されている作品の中には、国籍や年齢、障害の有無といった壁を超え交流できる教材がたくさんあります。世界中の子ども達、そして様々な支援が必要な子ども達が、言葉の壁を超えたボディパーカッション教育を通して、子ども同士の心を通い合わせ、世界が平和になれる一歩になればと願っています。

最後に、本書の刊行にあたり、月刊誌『教育音楽』連載の時から的確なアドバイス及び編集作業をしていただいた教育音楽編集部の小島綾さん、『教育音楽』編集長の岸田雅子さん、このシリーズのきっかけを作っていただいた岡部悦子さんには、この場をお借りして心より深く感謝を申し上げます。ありがとうございました。

平成22年２月22日　山田俊之

（＊ＮＨＫ障害福祉賞作品は、NHK厚生文化事業団のホームページでご覧いただけます。
http://www.npwo.or.jp/library/award/list.html）

ボディパーカッション教育の始まり

「A男が暴れています！　先生早く来てください」

女の子が金切り声を上げ、叫んで職員室に入ってきた。この子たちを受け持ち、始業式からこれで10日間続いたことになる。小学校4年生の担任になって、朝の職員朝礼の時、毎日のようにクラスの子ども達が呼びに来ていた。慌てて階段を駆け上がって2階の教室まで全速力で行く。だれか怪我をしていないだろうか、教室の扉を開けるまでは不安で一杯になる。ドアを開けて教室を見渡すと、A男が教室のほぼ中央に立っており、その周りは誰もいない、A男を中心に同心円を描くように遠巻きにみんなが見ている。一人の女の子が教室の隅で泣いており、A男は肩で息をしてまだ興奮状態が続いている。「どうした！」と私が聞くと、A男は一点を見つめたまま目に涙を溜めて何も答えない。周りの子ども達にどうしたのか聞いてみると、A男がいつものように急に怒りだして、自分の机や椅子を蹴って倒したりし始めたようだった。少し興奮状態から落ち着くのをみて、A男の肩を抱くようにして「A男、どうしたんだ」と聞いた。A男が「B子ちゃんが消しゴムを貸してくれなかった」とぽつりと言った。教室の隅で泣いているB子ちゃんに聞いてみると「A男の言ったことがよく聞こえなかった」と答えた。1986年当時勤務していた、福岡県久留米市立大橋小学校でのことである。

A男はきつく叱ると、教室から出て行き運動場を逃げ回ってしまう。数日前は私と1時間ほど学校中を走り回り、午前中はずっとA男の右手を持って授業を行っていた。しかし、興奮が静まると何事もなかったようにしているのが常であった。当時は勉強が苦手で運動も苦手な子どもはどこで自分の存在価値を見つけるのだろうと教師として悩んでおり、A男がまさにこれに当てはまる生徒だった。

ある日、給食準備中の放送でリズミカルにアレンジした《アイネ・クライネ・ナハトムジーク》（モーツァルト作曲）の演奏が聞こえてきた。今まで音楽の時間でもなかなか集中できず、歌や合奏にも興味を示さなかったA男が、なんとその曲に合わせて手でリズムを取っているではないか。その時、手拍子などを使ってA男も参加できる楽しい授業ができるのではないかと考えた。A男は授業中、注意散漫でなかなか集中して物事を持続できない。そこが一番の課題だった。早速、その年の夏休みに教材作りを始めた。

子どもにとって一番辛いことは、クラスの仲間から認めてもらえず、疎外感を味わうことだ。当時、筆者はA男がクラスの一員として所属感や仲間意識が持てる良い方法はないかと考えていた。そしてでき上がった自主教材が、ボディパーカッションを取り入れた「山ちゃんの楽しいリズムスクール」である。他の子ども達への働きかけとしては、体で表現することの楽しさを伝えた。A男が集中できれば他のみんなもできるはず。A男が楽しければみんなも楽しい。クラスで「ボディパーカッション教育」を始めて約半年が経った。この間にA男は落ち着きを取り戻し、他の教科の授業に対しても参加する姿勢を見せてくれるようになった。それは、「ボディパーカッション教育」によって自分が参加できる場が生まれ、まわりの子ども達がA男を認めてくれる雰囲気ができたからだと感じている。

それから15年後（2001年）、NHK交響楽団が演奏する《アイネ・クライネ・ナハトムジーク》とボディパーカッションの子ども達の共演が実現するとは誰も想像できなかった。

ボディパーカッション教育と研究の主なあゆみ

1986（昭和61）年

・福岡県久留米市立大橋小学校4年生の担任になり、クラスの中で協調できにくい子どもを含めたコミュニケーション教材として、「山ちゃんの楽しいリズムスクール」を作成。学級活動、音楽の時間などで活用を始める（10月）。

・子ども達が、手拍子、足踏み、ひざ、おなかを叩いて楽しむリズム活動を「ボディパーカッション」と名付ける（11月）。

1987（昭和62）年

・久留米市立大橋小学校内で、リズム学習教材「山ちゃんの楽しいリズムスクール」の公開授業（1月）。

・九州音楽教育研究会佐世保大会で、「低学年のリズム指導例」として、ボディパーカッションの取り組みを発表（10月）。

1988（昭和63）年

・地元打楽器奏者と久留米パーカッションアンサンブルを結成し、実技面からリズム教育研究開始（1月）。

・福岡県筑後地区小学校音楽祭で、小学校高学年（5・6年）のボディパーカッション演奏を公開（1月）。

1989（平成元）年

・月刊『教育音楽・小学版　5月号』（音楽之友社）に、「ボディパーカッションを取り入れたリズム教育実践研究の取り組み」を寄稿（5月）。

・久留米市立南薫小学校3年生担任になり、ボディパーカッション教育実践で、小学校中学年の教材研究を行う。

1990（平成2）年

・久留米市で「リズムとのふれあいコンサート」を開催し、久留米市立南薫小学校4年生約70名のボディパーカッション演奏を一般市民に初披露（4 月）。
・高学年や中学年児童を対象にしたボディパーカッション教材の開発に取り組む（4 月〜）。

1991（平成 3）年

・低学年児童を対象にしたボディパーカッション教材の開発に取り組む（4 月〜）。
・テレビ西日本（フジテレビ系列）でボディパーカッション教育活動の様子が「山ちゃんの楽しいリズムスクール」のタイトルで放映される（8 月）。
・久留米市立南薫小学校で行われた研究発表会で、ボディパーカッション演奏を披露する（10 月）。

1992（平成 4）年

・久留米市立篠山小学校 5 年生を担任し、実践した様々なボディパーカッションの曲を発達段階に応じた教育教材として整理しまとめる（4 月〜）。

1993（平成 5）年

・久留米市立篠山小学校・久留米市立南薫小学校児童を中心に、小学生 260 名で「日本初　体がすべて楽器です！ザ・ボディパーカッションコンサート」（石橋文化ホール）を開催（11 月）。
・九州大谷短期大学演劇放送コース 1 年生（80 名）表現発表（12 月）。（＊以後 5 年間継続）

1994（平成 6）年

・青少年健全育成を目的に、世界でも例のない児童の音楽演奏団体「ボディパーカッション・サークル」結成（4 月）。（＊ NPO 法人ボディパーカッション協会の前身）

1995（平成 7）年

・久留米市でドイツ・ゴスラー音楽学校パーカッショングループと共演（7 月）。
・日本テレビ「24 時間テレビ　愛は地球を救う」で小学生 300 人のボディパーカッションを行う（8 月）。

1996（平成 8）年

・NHK 教育テレビ「ユメディア号子ども塾」でボディパーカッションの授業を行う（2 月）。
・ボディパーカッション教則ビデオ『花火』『手拍子の花束』を作成し、障害者施設に１５０本贈呈（3 月）。
・久留米市立久留米養護学校（知的障害）でボディパーカッション教育に取り組み始める（4 月〜）。
・福岡県盲人福祉大会で視覚障害者 700 名を対象に演奏（7 月）。
・平成 8 年佐賀大学教育学部の学生がボディパーカッションを卒業論文のテーマとして取り上げ指導する（11 月）。（＊担当指導教官：現・東京学芸大学　筒石賢昭教授）

1997（平成 9）年

・福岡県立久留米聾学校で聴覚障害のためのボディパーカッション教育に取り組み始める（1 月〜）。
・大分県教育センターの音楽講座で講義を行う（8 月）。
・福岡教育大学教特殊教育課程の卒業論文のテーマとして取り上げられる（10 月）。（＊担当指導教官：平井健二教授）
・東京都児童会館（主催：東京都）で「体がすべて楽器です！ザ・ボディパーカッション」の公演を行う（12 月）。

1998（平成 10）年

・日本経済新聞「文化」欄に論文「体は楽器　手叩け足鳴らせ」を発表（2 月）。
・アジア太平洋子ども会議イン福岡（主催：福岡青年会議所、後援：福岡市）でアジア 40 カ国の子ども達 400 人にボディパーカッション・ワークショップを行う（8 月）。
・全日本聾教育研究大会（福岡市）研究演奏で福岡県立久留米聾学校幼稚部、小学部、中学部の幼児児童生徒がボディパーカッションを披露（10 月）。

1999（平成 11）年

・精神科の入院病棟（福岡県みやま市　新船小屋病院）の音楽療法として、ボディパーカッションの指導を定期的に始める（5 月〜）。（＊以後 3 年間継続指導）
・臨床音楽療法学会・全国大会（東海大学）で養護学校、聾学校における取り組みを研究発表（10 月）。

2000（平成 12）年

・NHK 教育テレビ「教育トゥデイ」で「体を使った教育の広がり　ボディパーカッションの試み」が特集される（3 月）。
・久留米市で世界的打楽器奏者バーナード・パーディ氏（アメリカ）と「ボディパーカッションキッズ」が共演（5 月）。
・久留米市の不登校の通学施設「らるご久留米」で、ボディパーカッション教育の指導を 1 年間定期的に行う（4 月〜）。
・福岡教育大学附属小倉小学校研究会でボディパーカッションの実践講義を行う（6 月）。
・精神科の入院病棟（新船小屋病院）で音楽療法として行っているボディパーカッションを、地域の瀬高町公民館で演奏する。精神障害者理解のための活動実践（12 月）。
・書籍『ボディパーカッション入門』（音楽之友社）出版（12 月）。

2001（平成 13）年

・平成 12 年度福岡教育大学附属小倉小学校研究発表会で、ボディパーカッションを取り入れた音楽科の研究発表を行う（2 月）。
・東京・音楽の友ホールで全国の音楽教育関係者を対象に指導法の実技講習会（3 月）。
・『楽しいボディパーカッション①リズムで遊ぼう』（音楽之友社）出版（6 月）。
・「夏の合唱教育セミナー」（主催：小学校合唱指導研究会、中学校音楽授業研究会）でボディパーカッション講座（7 月）。（＊以後 2008 年までに 5 回行う）
・神奈川県総合教育センターで小・中・高校教師（340 名）対象に、実技講習会を開催（8 月）。
・川崎市総合教育センターで小・中・高校教師対象のボディパーカッション講座（8 月）。
・NHK 交響楽団第 1 コンサートマスター篠崎史紀氏と企画し、久留米市文化センターホールにおいて「NHK 交響楽団トップメンバーとボディパーカッション」演奏会を行う。障害者 500 名をリハーサルに招待（12 月）。
・日本音楽教育学会九州例会（福岡教育大学）で、「ボディパーカッション教育」についての講演を行う（3 月）。

2002（平成 14）年

・「スポレク広島 2002」（主催：文部科学省、広島県）開会式式典における“5 万人のボディパーカッション”の企画と指導を行う（10 月）。
・日本音楽教育学会全国大会（神戸大学）で福岡教育大学木村次宏准教授と「ボディパーカッションにおける音楽科教育の可能性」発表（10 月）。
・東京都小学校音楽教育研究会・器楽合奏部会（東京音楽大学）でボディパーカッションの実技研修会（8 月）。
・書籍『楽しいボディパーカッション②山ちゃんのリズムスクール』（音楽之友社）出版（12 月）。

2003（平成 15）年

・久留米市（久留米市立荒木小学校）で「第１回ボディパーカッション研究会」を開催（３月）。
・「小学校合唱指導セミナー」（主催：小学校合唱指導研究会）でボディパーカッション講座を行う（３月）。（＊以後 2009 年までに４回行う）
・日本音楽教育学会九州例会（佐賀大学）で、「障害児教育（知的障害、聴覚障害）におけるボディパーカッション教育の取り組み」研究発表（３月）。
・大阪府小学校音楽教育研究会で研修会開催（５月）。
・ボディパーカッション教育で福岡市民教育賞を受賞（７月）。
・熊本県小学校音楽教育研究会で小・中・高校教師を対象にボディパーカッションの実技講習会を開催（８月）。
・『楽しいボディパーカッション③リズムで発表会』（音楽之友社）出版（11 月）。
・日本音楽教育学会実践ジャーナル創刊号に「ボディパーカッションのあゆみ」発表（11 月）。
・TOSS 音楽主催全国研修会（東京）でボディパーカッション講座（12 月）。

2004（平成 16）年

・「夏の合唱教育セミナー」でボディパーカッション講座を行い、詩人の谷川俊太郎氏と共演（７月）。
・福山市教育委員会主催で小・中・高校教師対象の実技講習会を開催（８月）。（＊以後３年間行う）
・福岡市（都久志会館）で「第２回ボディパーカッション研究会」を開催（11 月）。
・NHK 交響楽団第１コンサートマスター篠崎史紀氏と共同企画し、「NHK 交響楽団トップメンバーとボディパーカッション演奏会」を開催（12 月）。

2005（平成 17）年

・ボディパーカッション大阪研修会を行う（１月）。
・平成 17 年度文部科学省検定済小学校３年生の音楽教科書『音楽のおくりもの』（教育出版）に、ボディパーカッション曲《花火》が採用される（４月）。
・月刊『教育音楽・小学版』（音楽之友社）に「山ちゃんの楽しいリズムスクール」連載開始（4 月～ 2010 年４月現在継続中）。
・「ボディパーカッション・ワークショップ＆コンサート IN 東京」開催（８月）。
・日本音楽教育学会妙高ゼミナールで、ラウンドテーブルとワークショップを行う（９月）。
・琉球大学教育学部附属小学校で、ボディパーカッションを取り入れた公開授業と実技研修（12 月）。（指導助言：津田正之准教授）

2006（平成 18）年

・徳島県小学校音楽教育研究会で実技講習を行う（８月）。
・松山市小学校音楽教育研究会で実技講習を行う（８月）。
・キワニス福岡より社会公益賞を受賞（11 月）。
・東京都小学校音楽教育研究会で実技講習を行う（12 月）。
・久留米市でボディパーカッション誕生 20 周年記念「ボディパーカッション研究発表会・全国大会」を開催（12 月）。
・NHK 交響楽団第１コンサートマスター篠崎史紀氏と演奏会「NHK 交響楽団トップメンバーとボディパーカッション」を開催。障害者を 500 名招待する（12 月）。

2007（平成 19）年

・九州大学大学院人間環境学府教育システム専攻博士後期課程で「子どものコミュニケーション能力を高めるボディパーカッション教育の研究」開始（４月）。
・TOSS 音楽主催全国研修会（札幌）でボディパーカッション講座（５月）。
・香川県小学校音楽教育研究会で実技研修会（７月）。
・全九州附属小中学校音楽科研修会で講座（７月）。
・『体がすべて楽器です！ザ・ボディパーカッション　ほかほかパン屋さん』『同　ケチャ風お茶づけ』（音楽之友社）出版（８月）。
・富山県小学校音楽教育研究会で講話と実技指導。
・日本音楽教育実践学会において障害児教育ボディパーカッションワークショップ（実技指導）を行う（10 月）。
・東京都小学校音楽教育授業研究会でボディパーカッション講習を行う（12 月）。

2008（平成 20）年

・九州大学大学院人間環境学研究院教育学部門平成 19 年度社会人支援研究助成報告書「子どものコミュニケーション能力を高めるボディパーカッション教育の効果に関する基礎的研究」を発表（６月）。
・平成 20 年度九州社会教育主事講習会（主催：文部科学省）で「ボディパーカッション教育」講座を担当（８月）。
・長崎県特別支援教育研究会で実技演習を行う（８月）。
・岡山県音楽教育学会で講話と実技講習会（11 月）。
・教則 DVD『ボディパーカッション指導法入門』（音楽之友社）Ⅰ～Ⅴを出版。

2009（平成 21）年

・九州大学大学院教育学コース院生論文集『飛梅論集』にて「生徒のコミュニケーション能力を高める『ボディパーカッション教育』の展望～特別支援の手がかりとして」を発表（３月）。
・東京で福岡県立久留米聾学校生徒と「発達障害・聴覚障害児のためのボディパーカッション教育」実技研修会を開催（５月）。
・東京で小児科医橋本武夫氏（日本タッチケア研究会会長）と「幼児のためのボディパーカッション教育」研修会（５月）。
・東京都小学校音楽教育研究会で実技研修会（６月）。
・平成 21 年度九州社会教育主事講習会（主催：文部科学省、於：九州大学）において「ボディパーカッション教育」講座担当（８月）。
・鹿児島県特別支援学校音楽教育研究会で実技研修会（８月）。
・「スポレクみやざき 2009」（主催：文部科学省ほか）開会式式典で、「２万人のボディパーカッション」を指導（10 月）。
・岡山県音楽教育学会で教育実技研修会（11 月）。
・NHK 教育子ども向け教養番組「ヒミツのちからんど」でボディパーカッション教育がテーマで取り上げられる（11 月）。
・九州聴覚障害教育研究大会音楽部会でボディパーカッション教育を取り入れた指導助言を行う（11 月）。
・特別支援教育実践論文「聴覚障害があっても音楽は楽しめる～言葉の壁を越えたボディパーカッション教育」で NHK 障害福祉賞（主催：NHK 厚生文化事業団）最優秀を受賞（12 月）。

2010（平成 22）年

・東京で IOC 公認スポーツドクター北山吉明氏と「ボディパーカッション教育講座」をスポーツの立場から行う（１月）。
・東京で NPO 法人エッジ（EDGE）主催の小中学生のためのワークショップを行う（３月）。
・九州大学芸術工学部（脇山真治教授）の協力で聴覚障害者のためのボディパーカッション教育用教材 DVD を作成し、全国の聾学校へ無料配布を行う（３月）。
・『体がすべて楽器です！ザ・ボディパーカッション　B 級グルメパーティ』（音楽之友社）出版（４月）。

著者紹介

山田俊之（やまだ・としゆき）

九州女子短期大学特任教授、九州大学教育学部非常勤講師、NPO 法人ボディパーカッション協会理事長、元公立小学校、特別支援学校勤務（教諭、管理職）。

1986 年小学校 4 年生担任の時、学級活動で手拍子、ひざ打ち、おなかを叩くなどの身体活動を、コミュニケーション能力を高める表現教材として開発・考案し「ボディパーカッション」と子ども達と一緒に名付け教育活動を展開する。

その後、全国の小学校、特別支援学校、不登校施設、幼児教育で 25 年以上活動を行い、その指導法講座を受講した全国の教育、福祉、音楽教育関係者が 3 万人を超える。

平成 21 年第 44 回 NHK 障害福祉賞最優秀賞、平成 23 年度読売教育賞最優秀賞。

作曲したボディパーカッション教材「花火」が平成 17 年度小学校 3 年生音楽科教科書（教育出版）に、「手拍子の花束」が平成 24 年度特別支援教育用音楽科教科書（文部科学省編集）に採用される。

【主な著書】

『ボディパーカッション入門』『楽しいボディパーカッション①リズムで遊ぼう』『同②リズムスクール』『同③リズムで発表会』『特別支援教育用教材：楽しいボディパーカッション』『すべての人におくるボディパーカッション BEST』（以上、音楽之友社）ほか多数。

【社会教育活動】

2011 年より、九州大学芸術工学部との共同プロジェクトで『聴覚障害者のためのボディパーカッション教則 DVD』を作成し、全国の聴覚特別支援学校、関連施設へ無料配布や普及活動を行っている。

2014 年より、文部科学省（教科調査官）、JHP（学校を作る会）、カンボジア教育省の共同プロジェクトに参加し、カンボジア教育支援を行う。

【問合せ】edubody1986@gmail.com

体《からだ》がすべて楽器《がっき》です！

ザ・ボディパーカッション　B級《きゅう》グルメパーティ

2010 年　4 月 10 日　第 1 刷発行
2024 年　5 月 31 日　第 5 刷発行

著　者　山《やま》田《だ》俊《とし》之《ゆき》
発行者　時枝　正
発行所　東京都新宿区神楽坂6－30
株式会社　音楽之友社
郵便番号162－8716
電話03(3235)2111(代表)
振替00170－4－196250
装丁・本文デザイン　廣田清子
イラスト　柳沢昭子
組版・楽譜浄書　スタイルノート
印刷　星野精版印刷
製本　ブロケード

落丁本・乱丁本はお取替えいたします
Printed in Japan
ISBN978-4-276-31577-8 C1073